Brot backen

Hausgemachte Spezialitäten

Brot backen

Hausgemachte Spezialitäten

OTUS

Vorwort

Ob zum Frühstück, zur Brotzeit oder zum Abendessen – köstliches Brot gehört in den meisten Fällen dazu! Die Auswahl an knusprigem Brot oder Brötchen ist hierzulande so groß wie sonst nirgends. Jede Region und jedes Bundesland hat seine eigenen Spezialitäten.

Brot gehört seit Jahrtausenden zu den Grundnahrungsmitteln. Schon vor 10. 000 Jahren formte man in Ägypten flache Fladen, die auf erhitzten Steinen gebacken wurden. Das Getreide für den Teig wurde zwischen Steinen mühsam gemahlen. Die Brotfladen konnten nur frisch verzehrt werden, sobald sie erkalteten, wurden sie steinhart und ungenießbar. In alten Schriften wird bestätigt, dass es in Ägypten etwa 30 verschiedene Brotsorten gab. Grabbeigaben wurden in Tier- oder Pflanzenform gebacken, Brote für die Lebenden waren meist dreieckig, viereckig oder kegelförmig. Brot hatte in Ägypten eine so große Bedeutung, dass es als Zahlungsmittel eingesetzt wurde. Als Arbeitslohn erhielt ein einfacher Bauer drei Brote und zwei Krüge Bier am Tag, Tempelpriester wurden jährlich mit 900 feinen Weizenbroten, 36. 000 gerösteten Fladen und 360 Krügen Bier entlohnt.

Mit der Entdeckung der so genannten „Gärung“ wurde die Brotherstellung in den folgenden Zeiten wesentlich verbessert. Den angerührten Getreidebrei ließ man längere Zeit stehen, bedingt durch das warme Klima begann der Brei zu gären – der Sauerteig war erfunden. Aus dem Teig entstand lockeres, schmackhaftes Brot.

Brot trat seinen Siegeszug durch die ganze Welt an. Von Griechenland über das alte Rom erreichte es vor mehr als 2. 500 Jahren Germanien. Brot war in früheren Zeiten immer Ausdruck sozialer Unterschiede. So war Weißbrot aus feinem Weizenmehl den Reichen vorbehalten. Das einfache Volk musste sich mit dunklem Brot, vor allem aus Roggenmehl, begnügen.

Brot aus der eigenen Backstube findet seit einigen Jahren immer mehr Liebhaber. Die modernen Küchengeräte erleichtern die Herstellung, Vollkornmehle und Backhilfsmittel wie Sauerteig oder Hefe stehen jederzeit zur Verfügung, so dass das Backen zum Kinderspiel wird. Ein Vorteil gegenüber industriell gebackenen Brotsorten liegt darin, dass keine chemischen Backmittel verwendet werden müssen. Selbst gebackenes Brot kann jederzeit schnell auf den Tisch gebracht werden.

Mit unserem Buch wollen wir Sie in die Kunst des Brotbackens einführen. Die Rezepte sind leicht nachvollziehbar, sie wurden sorgfältig getestet und ausprobiert. Entdecken Sie, wie lecker etwa ein Körnerbrot oder Vollkornbrötchen aus eigener Produktion schmecken. Wählen Sie die Mehlsorten nach Ihrem eigenen Geschmack aus. Ob Sie Sauerteig oder frische Hefe verwenden – schmackhaftes Brot, das lange frisch bleibt, gelingt in jedem Fall.

Selber backen macht Spaß! Überraschen Sie Ihre Familie oder Gäste mit einem köstlich duftenden Brot nach unseren Rezepten. Von Baguette bis Pizzabrot, für jede Gelegenheit finden Sie das Richtige. Sie werden begeistert sein von Spezialitäten aus vollem Korn, Brötchen, Brezeln oder einem dekorativen Partyrad. Mit etwas Geduld zaubern Sie köstliche Brotsorten für die gesunde Ernährung.

Wir wünschen Ihnen bei der Brotbäckerei viel Erfolg und guten Appetit beim Ausprobieren.

Ihre Redaktion

Wissenswertes für das Brotbacken

Alle Geräte, die zum Brotbacken nötig sind, finden sich in jedem Haushalt. Eine große Backschüssel oder die Tischplatte als Arbeitsfläche genügen. Durch den Einsatz der Küchenmaschine oder des Quirls wird das mühsame Kneten des Teiges zum Kinderspiel. Mit der Küchenwaage, dem Messbecher, Ess- oder Teelöffeln werden die Backzutaten genau abgemessen. Brot kann auf dem Backblech, in Auflauf- oder in Backformen gebacken werden. Formen Sie den Teig je nach Rezept zu Zöpfen, Kränzen oder Fladen – ganz nach Ihrem Geschmack. Backbleche müssen nicht gefettet werden, wenn Sie diese mit Backpapier auslegen. Die Anschaffung einer Getreidemühle lohnt sich nur, wenn Sie regelmäßig größere Mengen an frisch gemahlenem Korn benötigen. Hochwertiges gemahlenes Korn erhalten Sie im Fachhandel oder in Naturkostläden in großer Auswahl.

Der wichtigste Bestandteil des Brotes ist das Mehl. Sie haben die Wahl zwischen feinem Weizenmehl bis zum dunklen Backschrot. Die Mehlsorten werden nach Typen gekennzeichnet. Entscheidend ist, ob das ganze Getreidekorn oder nur ein Teil davon vermahlen wird. Die einzelnen Mehltypen geben den Mineralstoffgehalt pro 100 g Mehltrockensubstanz in mg an. Je höher das Mehl ausgemahlen wurde, desto mehr Ballaststoffe, Vitamine und Mineralstoffe enthält es. Niedrige Typenzahlen weisen darauf hin, dass die Randschichten des Kornes fast völlig fehlen und so der Gehalt an Ballaststoffen, Mineralien und Vitaminen entsprechend gering ausfällt.

Weizenmehle sind in folgenden Typen im Handel:

Type 405, auch Auszugsmehl, ist ein feines, weißes Mehl, das hauptsächlich für Feingebäck und Kuchen verwendet wird.

Type 550 eignet sich für Weißbrot, helle Brötchen und Kleingebäck.

Type 1050, das meistverbackene „Brotmehl“, ist ein dunkles Weizenmehl mit kräftigem Geschmack. Es wird neben anderen für Misch- und Graubrote verwendet.

Type 1700 ist ein Backschrot und eignet sich für dunkles, kräftig schmeckendes Brot.

Roggenmehl wird wie folgt eingeteilt:

Type 815 ist ein helles, fein gemahlenes Roggenmehl für helleres Kleingebäck und Mischbrötchen.

Type 997 wird in hellen Brotsorten verbacken.

Type 1150 ist die Grundlage für Graubrote.

Type 1370, ein feineres, dunkles Roggenmehl, eignet sich gut für dunkle Mischbrote.

Type 1800, ein Backschrot, der reich an Nähr- und Ballaststoffen sowie Vitaminen ist und für alle Vollkornbrote verwendet wird.

Neben dem Ausmahlungsgrad wird bei Mehl noch danach unterschieden, wie fein es ausgemahlen wurde. So enthält Schrot und Vollkornschrot noch alle Bestandteile des Korns und den besonders wertvollen Keim. Als griffiges oder doppelt griffiges Mehl bezeichnet man alle Sorten, die fein gemahlen, aber noch leicht körnig sind. Kleie enthält besonders viele Ballaststoffe, sie wird nicht aus dem vollen Korn, sondern aus den Randschichten gemahlen. Bei der Herstellung von Getreideflocken werden die Getreidekörner erst geröstet, entspelzt, gedämpft und anschließend zwischen beheizten Walzen zerdrückt. Die bekanntesten Getreideflocken sind die Haferflocken.

Neben Roggen- und Weizenmehl können Brote mit vielen weiteren Getreidesorten gebacken werden. Je nach Geschmack bietet der Handel gemahlene oder geschrotete Sorten an.

Buchweizen, ein Knöterichgewächs, ist leicht verdaulich und enthält zahlreiche, für den menschlichen Organismus wichtige Vitamine, Mineralstoffe, Lecithin und ist besonders in der Vollwertküche sehr beliebt.

Dinkel wird wegen seines hohen Anteiles an Klebereiweiß sehr gerne zum Brotbacken genommen. Die halb reifen Körner nennt man auch Grünkern, sie sind reich an Vitaminen und Mineralstoffen. Gebäck mit einem hohen Dinkelmehlanteil bleibt lange frisch.

Gerste ist die älteste bekannte Getreideart. Ihr Mehlkörper enthält Kalium, Phosphor, Kieselsäure und Calcium. Gerstenmehl ist nur in Verbindung mit anderen Mehlsorten zum Backen geeignet. Geschälte Gerstenkörner sind unter der Bezeichnung „Graupen" bekannt.

Hafer besitzt den höchsten Anteil an hochwertigen Eiweißen, ungesättigten Fettsäuren, außerdem viele Vitamine und Mineralstoffe. Er zählt zu den vollwertigsten Getreidesorten. Hafermehl sollte beim Backen immer mit Weizenmehl gemischt werden, da Hafer kein Klebereiweiß enthält. Lagern Sie geschroteten Hafer nicht zu lange, da er schnell ranzig wird.

Hirse enthält Magnesium, Fluor, Zink, Kieselsäure, Eisen und viele andere Mineralstoffe. Sie ist sehr quellfähig und wird beim Brotbacken nur als Zusatz verwendet, da sie kein Klebereiweiß besitzt. Brote mit Hirsemehl sind besonders knusprig und herzhaft.

Triebmittel zur Teiglockerung

Brot oder Brötchen benötigen bestimmte Triebmittel. Sie entwickeln bei der Teigherstellung Kohlendioxyd, das feine Poren bildet und so den Teig auflockert. Sauerteig, Hefe und Backferment zählen zu den natürlichen, Backpulver, Pottasche und Hirschhornsalz zu den chemischen Triebmitteln.

Sauerteig:
Sauerteighefen und Milchbakterien entfalten unter Wärmeeinfluss die Triebkraft und dienen zur Lockerung von schweren Teigen aus Roggenmehl. Brotteig mit Sauerteig benötigt eine längere Ruhezeit als Hefeteig. Sauerteig ist in flüssiger oder trockener Form abgepackt im Handel erhältlich. Frischen Sauerteig für Ihre Brote erhalten Sie beim Bäcker.

Hefe:
Bäcker- oder Presshefe wird in Würfeln zu 42 g angeboten. Damit sie sich gut entwickelt, wird die zerbröckelte Hefe mit etwas warmem Wasser und Zucker zu einem Brei verrührt. Beim Einkauf sollten Sie unbedingt auf das Haltbarkeitsdatum achten, denn nur frische Hefe entfaltet ihre ganze Triebkraft. Kaufen Sie Hefe nur in der benötigten Menge und bewahren Sie sie bis zum Verbrauch im Kühlschrank auf.

Backferment:
Man erhält es im Reformhaus. Es ist eine Gärhilfe aus Hülsenfrüchten, Getreideschrot und Honig.

Backpulver:
Es eignet sich für viele Teigarten, wird aber hauptsächlich zur Lockerung von Kuchen und Kleingebäck verwendet. Es besteht aus Salzen, Natron und Weinstein und lässt Teige schnell aufgehen. Beim Backen von Brot sollte jedoch Hefe oder Sauerteig bevorzugt werden.

Was sonst noch in den Teig gehört

Je nach Rezept benötigt Brot- oder Brötchenteig eine bestimmte Menge an Flüssigkeit. Wasser oder Milch wird stets lauwarm oder warm zum Mehl gegeben. Halten Sie bei der Herstellung der Brote die angegebene Flüssigkeitsmenge genau ein, damit ein gutes Gelingen gewährleistet ist.
Zur Verfeinerung wird Fett in den Teig gemischt. Frische, weiche Butter, Oliven- oder Sonnenblumenöl in erstklassiger Qualität eignen sich je nach Brot- oder Gebäcksorte und Ihrem Geschmack.
Was wäre ein selbst gebackenes Brot ohne duftende Gewürze. Es gibt bereits fertig gemischte Brotgewürze, die leicht zu dosieren sind. Für ein individuelles Aroma stehen Anis, Fenchel, Koriander, Ingwer, Kardamom, Knoblauchsalz, Pfeffer und Kümmel zur Auswahl. Da Gewürze ihr Aroma nach einiger Zeit verlieren, sollten Sie nur kleine Mengen dunkel und luftdicht lagern. Ganze Gewürzkörner können im Mörser zerstoßen oder in einer Gewürzmühle frisch gemahlen werden. Salz gehört in jeden Brotteig. Es verbessert die Eigenschaft des Teiges und gibt ihm Geschmack. Anstelle von Tafelsalz eignet sich jodiertes Tafelsalz oder Vollmeersalz. Sehr beliebt sind die gesunden Körnerbrote. Mischen Sie Sonnenblumen- oder Kürbiskerne unter den Teig oder verfeinern Sie ihn mit Sesam, Leinsamen oder gehackten Nüssen. Besonders appetitlich werden Brote oder Brötchen, wenn Sie sie vor dem Backen mit Samen oder Körnern bestreuen. Süßes Hefegebäck wird durch die Zugabe von Honig, Sirup, Rosinen, Mandeln, Nüssen, Pistazien, Zitronat oder Orangeat zu einer Delikatesse.

Das gewisse Etwas erhalten Brote, wenn Sie frische oder getrocknete Kräuter wie z. B. Basilikum, Thymian, Majoran, Schnittlauch oder Kräuter der Provence zum Teig geben. Fein gewürfelter Speck, geröstete Zwiebelwürfel, Käse oder vielleicht gehackte Oliven lassen die Herzen der Feinschmecker höher schlagen. Flache Brotfladen verwandeln Sie mit einem Belag aus Sauerrahm und klein geschnittenem Gemüse in kleine Köstlichkeiten.

Backformen für Brot und Brötchen

Runde oder längliche Laibe legen Sie auf ein mit Backpapier ausgelegtes Backblech. Der feste Teig läuft beim Backen nicht auseinander.

Um weicheren Brotteig in Form zu bringen, können Sie ihn in verschiedenen Backformen backen. Schwarzblechformen eignen sich besonders gut für den Elektroherd, da sie die Wärme sehr gut leiten.

Weißblechformen reflektieren die Hitze durch ihre glänzende Oberfläche, die Backzeit kann sich um etwa 15 % verlängern. Sie sind ideal für Gasherde. In Weißblechformen bräunt Gebäck weniger stark als in Schwarzblechformen.

Formen aus Steingut, Keramik oder Guss speichern die Hitze optimal, das Brot bräunt gleichmäßig. Das Material speichert die Hitze lange, so kann der Ofen früher ausgeschaltet und somit Strom gespart werden.

Tipps und Tricks für die Brotbäckerei

Da alle Zutaten Zimmertemperatur haben sollen, stellen Sie sie schon längere Zeit vor Backbeginn bereit. Alle Zutaten werden vorbereitet und bereitgestellt, damit anschließend der Teig zügig verarbeitet werden kann. Messen Sie die in den Rezepten angegebenen Mengen genau ab, um ein optimales Backergebnis zu erzielen.

Je länger der Teig geknetet wird, desto lockerer wird er. Je dunkler und gröber die Mehlsorte ist, desto länger ist die Knetzeit. Wenn Sie einen schweren Brotteig von Hand kneten, geben Sie ihn auf eine bemehlte Arbeitsfläche, formen ihn zu einem Ballen und drücken diesen mit den Handballen von der Mitte nach außen. Legen Sie nun eine Teighälfte über die andere und wiederholen diesen Vorgang mehrmals. Da der Teig sehr weich ist, bestäuben Sie die Arbeitsfläche und die Hände mehrmals mit Mehl. Das Mehl muss jedoch vorsichtig zugegeben werden, damit der Teig nicht zu trocken wird. Bearbeiten Sie den Teig so lange, bis er sich leicht von der Arbeitsfläche löst und geschmeidig ist.

Die Brotteige in den folgenden Rezepten sind meist sehr weich. Sie können nach Bedarf eventuell vor dem Formen noch mit etwas Mehl verknetet werden. Lassen Sie den Brotteig an einem warmen Ort zugedeckt so lange gehen, bis er sich verdoppelt hat. Anschließend wird er geformt und auf das Blech oder in die entsprechende Form gelegt. Hefeteig verdoppelt sein Volumen nach etwa einer Stunde, schwere Teige mit Sauerteig benötigen entsprechend länger.

Große Brote reißen nicht, wenn die Oberfläche vor dem Backen mit einer Gabel mehrmals eingestochen oder mit dem Messer eingeschnitten wird. Brot oder Brötchen erhalten eine schöne Kruste, wenn sie kurz vor Beendigung der Backzeit mit etwas Wasser bestrichen oder besprüht werden. Wird eine goldgelbe Kruste gewünscht, wie z. B. bei einem Hefezopf, so bestreicht man die Oberfläche mit verquirltem Eigelb oder lauwarmer Milch.

Das geformte Brot wird immer im vorgeheizten Backofen auf der unteren oder mittleren Schiene gebacken. Die Backzeit beträgt je nach Größe etwa 45 Minuten bis eine Stunde. Die Backtemperatur ist je nach Rezept und Backherd unterschiedlich. Das Brot ist gut durchgebacken, wenn es beim Anklopfen der Unterseite hohl klingt. Wenn das Klopfgeräusch noch dumpf klingt, muss das Brot noch kurze Zeit nachgebacken werden.

Nach dem Backen lassen Sie das Brot auf einem Gitterrost vollständig auskühlen. Vor dem Anschneiden benötigen Hefebrote eine Ruhezeit von etwa 4 Stunden, Sauerteigbrote sollten 24 Stunden ruhen, damit sie bekömmlicher sind. Brötchen und Kleingebäck können sofort serviert werden.

Bei der Aufbewahrung Ihres selbst gebackenen Brotes sollten Sie einige Regeln beachten, damit es bis zur letzten Scheibe seinen guten Geschmack behält. Brot muss kühl und luftig gelagert werden. Auf keinen Fall wird Brot in Plastikbeutel gelegt, da sich darin Feuchtigkeit staut und die Schimmelbildung gefördert wird. Ein spezieller Keramik- oder Steingutbehälter verhindert das Austrocknen des Brotes und hält es mehrere Tage frisch. Brotsorten mit einem hohen Anteil an Roggenmehl halten länger als Brote mit Weizenmehl. Brot eignet sich sehr gut als Vorrat, wenn es nach dem Auskühlen in Alufolie oder Gefrierbeutel verpackt und tiefgekühlt wird. Die Qualität und der Nährwert bleiben voll erhalten. Vor dem Verzehr wird das Brot aus der Verpackung genommen und langsam bei Zimmertemperatur aufgetaut.

Köstliche Brotrezepte

Roggenbrot mit Kümmel

Für 1 Brot:

250 g Roggenmehl (Type 1150)
100 g Brotmehl (Type 1050)
1/2 Würfel Frischhefe
20 g Sauerteigpulver
1 gestr. TL Salz
250–300 ml heißes Wasser
1 EL Kümmel

1. Das Roggenmehl und das Brotmehl in eine Schüssel geben. Die zerbröckelte Frischhefe, das Sauerteigpulver, das Salz, das heiße Wasser und den Kümmel hinzufügen und die Zutaten mit dem Knethaken der Küchenmaschine zu einem glatten Teig verkneten.

2. Den Teig zu einem länglichen Laib formen, auf ein mit Backpapier ausgelegtes Backblech setzen und einige Male diagonal einschneiden.

3. Den Laib zugedeckt an einem warmen Ort zur doppelten Menge aufgehen lassen.

4. Das Roggenbrot im auf 220 °C vorgeheizten Backofen 55–60 Minuten backen, herausnehmen, erkalten lassen und servieren.

Zubereitungszeit: etwa 2 Stunden

Saatenbrot

Für 1 Brot:

290 g Brotmehl (Type 1050)
125 g Weizenschrot
160 g Roggenmehl (Type 1150)
25 g Frischhefe
20 g Sauerteigpulver
1 gehäufter TL Salz
450 ml warmes Wasser
2 EL Sesamsamen
2 EL Sonnenblumenkerne
2 EL Leinsamen
Wasser zum Bestreichen

1. Das Brotmehl, den Weizenschrot und das Roggenmehl in einer Schüssel vermischen.

2. Die zerbröckelte Frischhefe, das Sauerteigpulver, das Salz und das Wasser dazugeben.

3. Die Hälfte der Sesamsamen, der Sonnenblumenkerne und des Leinsamens darüber streuen und die Zutaten mit dem Knethaken der Küchenmaschine zu einem glatten Teig verkneten.

4. Den Teig zu einem runden Laib formen, diesen auf ein mit Backpapier ausgelegtes Backblech setzen, mit Wasser bestreichen, mit den restlichen Saaten bestreuen und der Länge nach einschneiden. Den Laib zugedeckt an einem warmen Ort zur doppelten Menge aufgehen lassen.

5. Das Saatenbrot im auf 220 °C vorgeheizten Backofen 50–60 Minuten backen, aus dem Ofen nehmen, erkalten lassen und servieren.

Zubereitungszeit: etwa 2 Stunden

Sesambrot

Für 1 Brot:

200 g Roggenmehl (Type 1150)
370 g Brotmehl (Type 1050)
100 g Roggenschrot
20 g Frischhefe
20 g Sauerteigpulver
1 1/2 TL Salz
540 ml warmes Wasser
Butter zum Ausfetten
1 EL Sesamsamen
Wasser zum Bestreichen

1. Das Roggenmehl, das Brotmehl und den Roggenschrot in einer Schüssel vermischen.

2. Die zerbröckelte Frischhefe, das Sauerteigpulver, das Salz und das warme Wasser dazugeben und die Zutaten mit dem Knethaken der Küchenmaschine zu einem glatten Teig verkneten.

3. Den Teig zu einem Laib in der Größe einer großen Kastenform formen, mit Wasser bestreichen, mit den Sesamsamen bestreuen, in die ausgefettete Form legen und zugedeckt an einem warmen Ort zur doppelten Menge aufgehen lassen.

4. Das Sesambrot im auf 220 °C vorgeheizten Backofen 45–50 Minuten backen, aus dem Ofen nehmen, erkalten lassen und servieren.

Zubereitungszeit: etwa 2 Stunden

Kerniges Vollkornbrot

Für 1 Brot:

250 g Weizenvollkornschrot
500 ml heißes Wasser
250 g Brotmehl (Type 1050)
1 Würfel Frischhefe
2 gestr. TL Salz
1 EL Leinsamen
2 EL Kürbiskerne
1 EL Sonnenblumenkerne
1 EL Sojakerne

1. Den Weizenvollkornschrot mit dem heißen Wasser übergießen und 1–2 Stunden einweichen.

2. Das Brotmehl in eine Schüssel sieben, die zerbröckelte Hefe, das Salz, den Leinsamen, die Kürbiskerne, die Sonnenblumenkerne und die Sojakerne dazugeben.

3. Den eingeweichten Vollkornschrot hinzufügen und die Zutaten mit dem Knethaken der Küchenmaschine zu einem weichen Teig verkneten.

4. Den Teig mit nassen Händen in eine gefettete Kastenform legen und zugedeckt an einem warmen Ort so lange gehen lassen, bis der Rand der Kastenform erreicht ist.

5. Das Vollkornbrot in dem auf 200–220 °C vorgeheizten Backofen 65–70 Minuten backen, herausnehmen und gut auskühlen lassen.

Zubereitungszeit: etwa 1 1/2 Stunden ohne Wartezeit

Kürbiskernbrot

Für 1 Brot:

70 g Weizenschrot
260 g Brotmehl (Type 1050)
130 g Roggenmehl (Type 1150)
20 g Frischhefe
1 1/2 gestr. TL Salz
15 g Sauerteigpulver
360 ml warmes Wasser
3 EL Kürbiskerne
Wasser zum Bestreichen
Sonnenblumenkerne und Kürbiskerne zum Bestreuen

1. Den Weizenschrot, das Brotmehl und das Roggenmehl in einer Schüssel vermischen.

2. Die zerbröckelte Frischhefe, das Salz, das Sauerteigpulver, das Wasser und die Kürbiskerne dazugeben und die Zutaten mit dem Knethaken der Küchenmaschine zu einem glatten Teig verkneten.

3. Den Teig zu einem Laib formen, auf ein mit Backpapier ausgelegtes Backblech setzen und zugedeckt an einem warmen Ort zur doppelten Menge aufgehen lassen.

4. Den Laib mit Wasser bestreichen, mit Sonnenblumenkernen und Kürbiskernen bestreuen.

5. Das Kürbiskernbrot im auf 220 °C vorgeheizten Backofen 50–60 Minuten backen, aus dem Ofen nehmen, erkalten lassen und servieren.

Zubereitungszeit: etwa 2 Stunden

Dinkelbrot mit Sojakernen

Für 1 Brot:

375 g Dinkelvollkornmehl
1 TL Salz
15 g Sauerteigpulver
1 EL Malz
1/2 Würfel Frischhefe
250–260 ml Wasser
3 EL Sojakerne

1. Das Mehl mit dem Salz, dem Sauerteigpulver, dem Malz, der zerbröckelten Frischhefe und dem Wasser in eine Schüssel geben und mit dem Knethaken der Küchenmaschine zu einem glatten Teig verkneten.

2. Die Sojakerne hinzufügen und einarbeiten.

3. Den Teig zu einem Laib formen, auf ein mit Backpapier ausgelegtes Backblech setzen und zugedeckt an einem warmen Ort zur doppelten Menge aufgehen lassen.

4. Das Dinkelbrot im auf 220 °C vorgeheizten Backofen 60 Minuten backen, herausnehmen, erkalten lassen und servieren.

Zubereitungszeit: etwa 2 Stunden

Vollkornbrot

Für 1 Brot:

250 g Weizenvollkornschrot
500 ml heißes Wasser
200 g Vollkornmehl
100 g Weizenmehl (Type 405)
1 Würfel Frischhefe
2 gestr. TL Salz
Butter zum Ausfetten
Mehl zum Bestäuben

1. Den Weizenvollkornschrot mit heißem Wasser übergießen und 1–2 Stunden einweichen.

2. Das Vollkornmehl, das Weizenmehl, die zerbröckelte Frischhefe und das Salz dazugeben und die Zutaten mit dem Knethaken der Küchenmaschine zu einem glatten Teig verkneten.

3. Den Teig in eine ausgefettete Kastenform füllen, der Länge nach leicht einschneiden, mit Mehl bestäuben und zugedeckt an einem warmen Ort zur doppelten Menge aufgehen lassen.

4. Das Vollkornbrot im auf 220 °C vorgeheizten Backofen 60–70 Minuten backen, aus dem Ofen nehmen, erkalten lassen und servieren.

Zubereitungszeit: etwa 2 Stunden

Kraftkernbrot

Für 2 Brote:

50 g Weizenschrot
275 g Brotmehl (Type 1050)
125 g Roggenmehl (Type 1150)
20 g Frischhefe
1 1/2 gestr. TL Salz
15 g Sauerteigpulver
350 ml warmes Wasser
1 EL Kürbiskerne
1 EL Sesamsamen
1 EL Sonnenblumenkerne
Butter zum Ausfetten
Kürbiskerne zum Ausstreuen

1. Den Weizenschrot, das Brotmehl und das Roggenmehl in einer Schüssel vermischen.

2. Die zerbröckelte Frischhefe, das Salz, das Sauerteigpulver und das Wasser dazugeben und die Zutaten mit dem Knethaken der Küchenmaschine zu einem glatten Teig verkneten. Zum Schluss die Kürbiskerne, den Sesam und die Sonnenblumenkerne einarbeiten.

3. Den Teig in zwei Portionen teilen und diese in ausgefettete, mit Kürbiskernen bestreute, runde Formen legen und mit Mehl bestäuben.

4. Den Teig zugedeckt an einem warmen Ort zur doppelten Menge aufgehen lassen.

5. Die Kraftkernbrote in dem auf 200 °C vorgeheizten Backofen etwa 50 Minuten backen, herausnehmen, erkalten lassen und servieren.

Zubereitungszeit: etwa 2 Stunden

Sesam-Fladenbrot

Für 2 Brote:

500 g Weizenmehl (Type 405)
50 ml Olivenöl
40 g Frischhefe
1 EL Malz
2 gestr. TL Salz
230 ml warmes Wasser
50 g Sesamsamen

1. Das gesiebte Mehl mit dem Olivenöl, der zerbröckelten Frischhefe, dem Malz, dem Salz, dem warmen Wasser und 30 g Sesamsamen in eine Schüssel geben und mit dem Knethaken der Küchenmaschine zu einem glatten Teig verkneten.

2. Den Teig in zwei Portionen teilen, diese zu runden Fladen formen und mit dem restlichen Sesam bestreuen.

3. Die Fladen auf ein mit Backpapier ausgelegtes Backblech setzen und zugedeckt an einem warmen Ort zur doppelten Menge aufgehen lassen.

4. Die Sesam-Fladenbrote im auf 220 °C vorgeheizten Backofen 40–45 Minuten backen, aus dem Ofen nehmen, erkalten lassen und servieren.

Zubereitungszeit: 70–75 Minuten

Haferflockenbrot

Für 1 Brot:

500 g Weizenvollkornmehl (Type 1700)
100 g kernige Haferflocken
30 g Frischhefe
200–250 ml Buttermilch
100 g Magerquark
1 TL Salz
40 g weiche Butter
30 g Sesamsamen
Butter zum Ausfetten
Wasser zum Bestreichen
Haferflocken zum Bestreuen

1. Das Mehl mit den Haferflocken in einer Schüssel vermischen. Die zerbröckelte Hefe und die leicht erwärmte Buttermilch dazugeben.

2. Den Magerquark, das Salz, die weiche Butter und den Sesam hinzufügen und die Zutaten mit dem Knethaken der Küchenmaschine zu einem glatten Teig verkneten.

3. Den Teig in eine ausgefettete Kastenform füllen und zugedeckt an einem warmen Ort zur doppelten Menge aufgehen lassen.

4. Die Oberfläche mit Wasser bestreichen und mit Haferflocken bestreuen.

5. Das Brot im auf 180–200 °C vorgeheizten Backofen 50–60 Minuten backen, herausnehmen und erkalten lassen.

Zubereitungszeit:
etwa 1 1/2 Stunden

Sonnenbrot

Für 1 Brot:

120 g Roggenmehl (Type 1150)
120 g Brotmehl (Type 1050)
120 g Weizenmehl (Type 405)
10 g Sauerteigpulver
1/2 Würfel Frischhefe
1 TL Salz
3 EL Sonnenblumenkerne
250 ml warmes Wasser

1. Das Roggenmehl, das Brotmehl und das Weizenmehl in einer Schüssel vermischen.

2. Das Sauerteigpulver, die zerbröckelte Hefe und das Salz dazugeben.

3. Die Sonnenblumenkerne und das warme Wasser einrühren und mit dem Knethaken der Küchenmaschine zu einem glatten Teig verkneten.

4. Den Teig zu einem runden Laib formen. Die Oberfläche rundherum 6- bis 8-mal in der Form einer Sonnenblume mit dem Messer einschneiden. Auf ein mit Backpapier ausgelegtes Backblech legen und zugedeckt an einem warmen Ort zur doppelten Menge aufgehen lassen.

5. Das Sonnenbrot im auf 220 °C vorgeheizten Backofen ca. 60 Minuten backen, aus dem Ofen nehmen und vollständig auskühlen lassen.

Zubereitungszeit: etwa 2 Stunden

Roggenkrustenbrot

Für 1 Brot:

225 g Brotmehl (Type 1050)
300 g Roggenmehl (Type 1150)
1 Würfel Frischhefe
40 g Sauerteigpulver
1 1/2 TL Salz
450 ml warmes Wasser
Mehl zum Bestäuben

1. Das Brotmehl mit dem Roggenmehl, der zerbröckelten Hefe und dem Sauerteigpulver in einer Schüssel vermischen.

2. Das Salz und das Wasser dazugeben und alles zu einem glatten, kompakten Teig verkneten.

3. Aus dem Teig einen länglichen Laib formen und mit Mehl bestäuben.

4. Mit einem scharfen Messer in die Oberfläche abwechselnd von rechts und links Kerben einschneiden. Den Laib auf ein mit Backpapier ausgelegtes Backblech legen und zugedeckt an einem warmen Ort zur doppelten Menge aufgehen lassen.

5. Das Roggenkrustenbrot in dem vorgeheizten Backofen bei 220 °C etwa 60 Minuten backen, aus dem Ofen nehmen und vollständig auskühlen lassen.

Zubereitungszeit: etwa 2 Stunden

Bauernzopfbrot

Für 1 Brot:

200 g Roggenmehl (Type 1150)
75 g Brotmehl (Type 1050)
75 g Weizenmehl (Type 405)
1/2 Würfel Frischhefe
15 g Sauerteigpulver
1 TL Salz
250 ml warmes Wasser
Butter zum Ausfetten

1. Das Roggenmehl, das Brotmehl und das Weizenmehl in einer Schüssel vermischen.

2. Die zerbröckelte Frischhefe, das Sauerteigpulver, das Salz und das warme Wasser dazugeben und die Zutaten mit dem Knethaken der Küchenmaschine zu einem glatten Teig verkneten.

3. Den Teig in drei Portionen teilen, diese zu Rollen drehen und zu einem Zopf flechten.

4. Den Zopf in eine ausgefettete Kastenform legen und zugedeckt an einem warmen Ort zur doppelten Menge aufgehen lassen.

5. Das Bauernzopfbrot in dem auf 220 °C vorgeheizten Ofen 60 Minuten backen, aus dem Ofen nehmen, erkalten lassen und servieren.

Zubereitungszeit: etwa 2 Stunden

Topfbrot

Für 1 Brot:

300 g Brotmehl (Type 1050)
400 g Roggenmehl (Type 1150)
30 g Sauerteigpulver
1 Würfel Frischhefe, 1 TL Zucker
600 ml lauwarmes Wasser
2 TL Salz
Fett zum Ausfetten
Wasser zum Bestreichen
Kürbiskerne zum Verzieren
1 EL Goldsaft

1. Das Brotmehl, das Roggenmehl und das Sauerteigpulver vermischen, in eine Schüssel sieben und eine Mulde eindrücken.

2. Die Hefe hineinbröckeln, das lauwarme Wasser und den Zucker dazugeben.

3. Das Salz so auf das Mehl streuen, dass es nicht mit der Hefe in Berührung kommt. Die Zutaten mit dem Knethaken der Küchenmaschine zu einem glatten Teig verkneten. Etwas Teig abnehmen und zu Blättern schneiden.

4. Den Teig in eine ausgefettete Form legen und zugedeckt zur doppelten Menge aufgehen lassen. Das Brot mit Wasser bestreichen, mit Kürbiskernen und Teigblättern verzieren.

5. Das Topfbrot im auf 200 °C vorgeheizten Backofen etwa eine Stunde backen.

6. Nach Ende der Backzeit das Topfbrot aus dem Ofen nehmen und noch warm mit Goldsaft glasieren.

Zubereitungszeit: etwa 2 Stunden

Sauerteig-Mischbrot

Für 1 Brot:

Für den Sauerteig:
400 g Roggenmehl (Type 1150)
400 ml warmes Wasser

Außerdem:
350 g Weizenmehl (Type 405)
300 g Roggenmehl (Type 1150)
1 Päckchen Trockenhefe
50 g gemischte, gehackte Nüsse
50 g Sonnenblumenkerne
1 gestr. EL Salz
1 TL gemahlener Kardamom
Mehl zum Bestäuben

1. 100 g Roggenmehl mit 100 ml warmem Wasser in eine große Plastikschüssel mit Deckel geben, verrühren und zugedeckt 24 Stunden stehen lassen.

2. Am nächsten Tag weitere 100 g Roggenmehl und 100 ml Wasser einrühren und erneut zugedeckt 24 Stunden stehen lassen.

3. Am 3. Tag 200 g Roggenmehl und 200 ml Wasser einrühren und das Ganze nochmals 24 Stunden stehen lassen. Nun ist der Sauerteig fertig.

4. Das Weizenmehl mit dem Roggenmehl, der Trockenhefe, den gehackten Nüssen, den Sonnenblumenkernen, dem Salz und dem Kardamom zum Sauerteig geben und alles zu einem glatten Teig verkneten.

5. Den Teig 20–30 Minuten gehen lassen, nochmals durchkneten und zu einem runden Laib formen. Auf ein mit Backpapier ausgelegtes Backblech setzen, zudecken und erneut gehen lassen.

6. Das Sauerteig-Mischbrot leicht mit Mehl bestäuben, in dem auf 180–200 °C vorgeheizten Backofen etwa 60 Minuten backen, herausnehmen und erkalten lassen.

Zubereitungszeit: etwa 2 Stunden ohne Wartezeit

Zwiebel-Speck-Baguette mit Käse

Für 3 Brote:

500 g Weizenmehl (Type 405)
1 Würfel Frischhefe
300 ml warmes Wasser
1 1/2 gehäufte TL Salz
1 EL Malz

Außerdem:
200 g durchwachsener, gewürfelter Speck
1/2 Zwiebel
50 g geriebener Emmentaler oder Gouda

1. Das gesiebte Mehl mit der zerbröckelten Hefe, dem warmen Wasser, dem Salz und dem Malz in eine Schüssel geben und alles zu einem glatten Teig verkneten. Den Teig zugedeckt an einem warmen Ort gehen lassen.

2. Den Speck in eine Pfanne geben und auslassen. Die Zwiebel schälen, fein würfeln, zum Speck geben und andünsten, vom Feuer nehmen und abkühlen lassen.

3. Den Teig auf eine bemehlte Arbeitsfläche geben, die Speck-Zwiebelmischung und den Käse hinzufügen und alles verkneten. Zugedeckt an einem warmen Ort nochmals gehen lassen.

4. Den Teig in drei gleich große Stücke teilen und zu länglichen Rollen formen.

5. Auf ein mit Backpapier ausgelegtes Backblech setzen und die Rollen mit einem Messer mehrmals diagonal einschneiden.

6. Nochmals kurz gehen lassen und anschließend im auf 200 °C vorgeheizten Backofen 30–35 Minuten backen.

7. Die Zwiebel-Speck-Baguettes mit Käse aus dem Ofen nehmen, erkalten lassen und servieren.

Zubereitungszeit: etwa 1 Stunde ohne Wartezeit

Zwiebel-Speck-Brot

Für 1 Brot:

250 g Brotmehl (Type 1050)
150 g Weizenmehl (Type 405)
10 g Sauerteigpulver
1/2 Würfel Frischhefe
ca. 260 ml warmes Wasser
1 TL Salz
100–150 g gewürfelter Speck
1 Zwiebel

1. Das Brotmehl und das Weizenmehl in eine Schüssel sieben. Das Sauerteigpulver, die zerbröckelte Frischhefe, das warme Wasser und das Salz dazugeben und die Zutaten mit dem Knethaken der Küchenmaschine zu einem glatten Teig verkneten.

2. Die Speckwürfel in einer Pfanne braten. Die Zwiebel schälen, fein würfeln, zum Speck geben und mitbraten, vom Feuer nehmen und abkühlen lassen.

3. Die Speck-Zwiebelmischung zum Teig geben und einarbeiten.

4. Den Teig zu einem Laib formen, auf ein mit Backpapier ausgelegtes Backblech legen, der Länge nach einschneiden und zugedeckt an einem warmen Ort zur doppelten Menge aufgehen lassen.

5. Das Zwiebel-Speck-Brot im auf 220 °C vorgeheizten Ofen 60 Minuten backen, herausnehmen, erkalten lassen und servieren.

Zubereitungszeit: etwa 2 Stunden

Schneckenbrot

Für 1 Brot:

100 g Weizenmehl (Type 405)
100 g Roggenmehl (Type 1150)
100 g Brotmehl (Type 1050)
10 g Sauerteigpulver
1/2 Würfel Frischhefe
1/2 TL Salz
1/2 TL Brotgewürz
200–220 ml warmes Wasser
Mehl zum Bestäuben

1. Die Mehlsorten in eine Schüssel sieben, das Sauerteigpulver, die zerbröckelte Frischhefe, das Salz, das Brotgewürz und das warme Wasser dazugeben und die Zutaten mit dem Knethaken der Küchenmaschine zu einem glatten Teig verkneten.

2. Den Teig zu einer Rolle formen und diese schneckenförmig auf ein mit Backpapier ausgelegtes Backblech setzen.

3. Den Teig zugedeckt an einem warmen Ort zur doppelten Menge aufgehen lassen.

4. Das Schneckenbrot leicht mit Mehl bestäuben und im auf 220 °C vorgeheizten Backofen 60 Minuten backen.

5. Nach Ende der Backzeit das Schneckenbrot aus dem Ofen nehmen, erkalten lassen und servieren.

Zubereitungszeit: etwa 2 Stunden

Gewürzbrot

Für 1 Brot:

300 g Roggenmehl (Type 1150)
300 g Weizenschrot
1 EL Salz
350 ml lauwarmes Wasser
25 g Frischhefe
50 g Margarine
1 EL Sesamsamen
2 EL Röstzwiebeln
3 EL gemischte Kräuter (Thymian, Oregano, Rosmarin)
1 Msp. schwarzer Pfeffer
Fett zum Ausfetten
Milch zum Bestreichen

1. Das Roggenmehl und den Weizenschrot mit dem Salz in eine Schüssel sieben. Das lauwarme Wasser, die zerbröckelte Hefe und die zerlassene, abgekühlte Margarine zum Mehl geben.

2. Die Zutaten mit dem Knethaken der Küchenmaschine zu einem glatten Teig verkneten.

3. Die Sesamsamen, die Röstzwiebeln, die verlesenen, gewaschenen und fein geschnittenen Kräuter und den schwarzen Pfeffer untermischen.

4. Den Teig nochmals verkneten, 3/4 des Teiges in eine ausgefettete Kastenform legen und mit der Milch bestreichen.

5. Den restlichen Teig zu zwei Rollen formen, diese umeinander schlingen und auf den Teig legen.

6. Den Teig zugedeckt an einem warmen Ort zur doppelten Menge aufgehen lassen, mit Milch bestreichen und im auf 200 °C vorgeheizten Backofen 40–45 Minuten backen.

7. Das Gewürzbrot aus dem Ofen nehmen, erkalten lassen und servieren.

Zubereitungszeit: etwa 2 Stunden

Kasseler im Brotteig

Für 1 Brot:

100 g Roggenmehl (Type 1150)
100 g Weizenmehl (Type 405)
200 g Brotmehl (Type 1050)
1/2 Würfel Frischhefe
10 g Sauerteigpulver
1/2 TL Salz
250–300 ml warmes Wasser
1 kg gekochtes Kasseler ohne Knochen

1. Das Roggenmehl, das Weizenmehl und das Brotmehl in einer Schüssel vermischen.

2. Die zerbröckelte Frischhefe, das Sauerteigpulver, das Salz und das warme Wasser dazugeben und die Zutaten mit dem Knethaken der Küchenmaschine zu einem glatten Teig verkneten.

3. Den Teig zugedeckt an einem warmen Ort zur doppelten Menge aufgehen lassen, anschließend auf einer bemehlten Arbeitsfläche mit bemehlten Händen nochmals durchkneten.

4. Den Teig zu einem Rechteck ausrollen, das Kasseler darauf legen und gut verschließen. Auf ein mit Backpapier ausgelegtes Backblech setzen und weitere 30 Minuten gehen lassen.

5. Den Teig karoförmig einschneiden, mit Wasser bestreichen und im auf 220 °C vorgeheizten Backofen 60 Minuten backen.

6. Nach Ende der Backzeit das Kasseler im Brotteig aus dem Ofen nehmen und warm servieren.

Zubereitungszeit: etwa 2 Stunden

Kartoffelbrot

Für 2 Brote:

250 g Kartoffeln
575 g Weizenmehl (Type 405)
1 Würfel Frischhefe
150 ml lauwarmes Wasser
150 ml lauwarme Milch
1 gehäufter TL Salz
1 Prise Muskat
50 g gehackte Walnüsse
Butter zum Ausfetten
Mehl zum Bestäuben

1. Die Kartoffeln in der Schale garen, abgießen, noch warm pellen und durch die Kartoffelpresse treiben. Das Mehl darüber sieben.

2. Die Hefe in das lauwarme Wasser einrühren und mit der lauwarmen Milch zu den Kartoffeln geben. Mit Salz und Muskat würzen, die gehackten Walnüsse dazugeben und die Zutaten zu einem glatten, weichen Teig verkneten.

3. Den Teig in zwei Portionen teilen, diese in ausgefettete Kastenformen setzen und zugedeckt an einem warmen Ort zur doppelten Größe aufgehen lassen, leicht mit Mehl bestäuben und im auf 180–200 °C vorgeheizten Backofen 50–60 Minuten backen.

4. Die fertigen Brote aus dem Ofen nehmen und erkalten lassen.

Zubereitungszeit: etwa 2 Stunden

Walnussbrot

Für 1 Brot:

250 g Weizenvollkornmehl
1/2 TL Salz
1/2 TL Zucker
1 Msp. Zimt
50 g gehackte Walnüsse
15 g Frischhefe
150 ml lauwarme Milch
25 g Margarine
Fett zum Ausfetten
Milch zum Bestreichen

1. Das gesiebte Weizenvollkornmehl mit dem Salz, dem Zucker, dem Zimt und den gehackten Walnüssen in einer Schüssel vermischen.

2. Die zerbröckelte Hefe, die lauwarme Milch und die weiche Margarine dazugeben und alles zu einem glatten Teig verkneten.

3. Den Teig zu einem Brotlaib formen, diesen auf ein ausgefettetes Backblech setzen und zugedeckt an einem warmen Ort zur doppelten Menge aufgehen lassen.

4. Die Oberfläche mit Milch bestreichen, mit einem scharfen Messer mehrmals einschneiden und das Walnussbrot im auf 200 °C vorgeheizten Backofen 30–35 Minuten backen.

5. Das Walnussbrot aus dem Ofen nehmen, auf einem Kuchengitter erkalten lassen und servieren.

Zubereitungszeit: etwa 2 Stunden

Rosmarinbrot

Für 1 Brot:

500 g Weizenmehl (Type 405)
300 ml lauwarme Milch
1 Würfel Frischhefe
20 g Zucker
1 gehäufter TL Salz
1 Zwiebel
1 Bund Rosmarin
1/2 Bund Basilikum
100 g geriebener Emmentaler
Butter zum Ausfetten
Olivenöl zum Bestreichen

1. Das Mehl mit der lauwarmen Milch, der zerbröckelten Frischhefe, dem Zucker und dem Salz in eine Schüssel geben und mit dem Knethaken der Küchenmaschine zu einem glatten Teig verkneten.

2. Die fein gewürfelte Zwiebel, die verlesenen, gewaschenen, fein geschnittenen Kräuter und den Emmentaler dazugeben und das Ganze mit dem Kochlöffel so lange schlagen, bis der Teig Blasen wirft.

3. Den Teig in eine ausgefettete Kastenbrotform legen und zugedeckt an einem warmen Ort zur doppelten Menge aufgehen lassen, mit Olivenöl bestreichen und im auf 180–200 °C vorgeheizten Backofen 60–70 Minuten backen. Zum Schluss mit Alufolie abdecken, damit das Brot nicht zu dunkel wird.

4. Das Rosmarinbrot aus dem Ofen nehmen, aus der Backform stürzen, erkalten lassen und servieren.

Zubereitungszeit: etwa 2 Stunden

Käse-Apfel-Walnuss-Brot

Für 1 Brot:

Für den Teig:
225 g Weizenmehl (Type 405)
1/2 Würfel Frischhefe
150 ml lauwarme Milch
25 g Butter
1 Ei
1/2 TL Salz
Pfeffer aus der Mühle
100 g geriebener Emmentaler
50 g fein gehackte Walnüsse
1 Apfel
Butter zum Ausfetten

1. Das Mehl in eine Schüssel sieben, die zerbröckelte Hefe, die lauwarme Milch, die Butter, das Ei, das Salz und den Pfeffer mit dem Knethaken der Küchenmaschine zu einem glatten Teig verarbeiten.

2. Den geriebenen Emmentaler, die gehackten Walnüsse und den geschälten, entkernten und fein geriebenen Apfel dazugeben und einarbeiten.

3. Den Teig in eine ausgefettete, runde Backform füllen und zugedeckt an einem warmen Ort zur doppelten Menge aufgehen lassen.

4. Das Brot im auf 190 °C vorgeheizten Backofen 40–50 Minuten backen.

5. Das fertige Brot in der Form auskühlen lassen, herausnehmen, in Scheiben schneiden und mit Butter servieren.

Zubereitungszeit:
etwa 1 1/2 Stunden

Kräuterbrot

Für 1 Brot:

Für den Teig:
250 g Weizenmehl (Type 405)
250 g Brotmehl (Type 1050)
1 Würfel Frischhefe
1 TL Zucker
250 ml lauwarme Milch
50 g zerlassene Butter
1/2 TL Salz, 1 Ei

Für die Füllung:
1 Knoblauchzehe, 1 Msp. Salz
1 EL Olivenöl, 1 Eigelb
100 g gemischte Kräuter (Petersilie, Schnittlauch, Liebstöckel, Basilikum)
80–100 g entsteinte, grüne Oliven
50 g gemischte, gehackte Nüsse (Haselnüsse, Mandeln, Pistazien)
Butter zum Ausfetten

Außerdem:
Kaffeesahne zum Bestreichen
Sesamsamen zum Bestreuen

1. Das Mehl mit der zerbröckelten Hefe, dem Zucker, der lauwarmen Milch, der zerlassenen Butter, dem Salz und dem Ei in eine Schüssel geben und mit dem Knethaken der Küchenmaschine zu einem glatten Teig verkneten.

2. Den Teig zugedeckt an einem warmen Ort zur doppelten Menge aufgehen lassen.

3. Den Teig auf einer bemehlten Arbeitsfläche zu einem Rechteck (30 x 40 cm) ausrollen.

4. Für die Füllung den Knoblauch schälen, fein hacken, mit dem Salz zu einer Paste zerreiben, mit dem Olivenöl und dem Eigelb vermischen und den Teig damit bestreichen.

5. Die Kräuter verlesen, waschen, trockentupfen, fein schneiden und auf dem Teig verteilen.

6. Die Oliven klein schneiden und mit den gehackten Nüssen auf den Teig streuen.

7. Den Teig von den beiden schmalen Seiten her zur Mitte hin einrollen und in eine ausgefettete Kastenform (30 cm Länge) legen.

8. Mit Kaffeesahne bestreichen, mit Sesam bestreuen und das Kräuterbrot im auf 200 °C vorgeheizten Backofen 50–60 Minuten backen, aus dem Ofen nehmen, erkalten lassen und servieren.

Zubereitungszeit: etwa 2 Stunden

Hausmacher Knäckebrot

Für 20–25 Scheiben:

150 g Roggenmehl (Type 1150)
150 g Weizenmehl (Type 405)
150 g Roggenvollkornmehl
1 TL Backpulver
1 gehäufter TL Salz
70 g flüssige Butter
150 ml lauwarme Milch
125 ml lauwarmes Wasser
Butter zum Ausfetten
Vollkornmehl zum Bestäuben

1. Die Mehlsorten mit dem Backpulver, dem Salz, der flüssigen Butter, der Milch und dem Wasser in einer Schüssel zu einem Teig verarbeiten.

2. Den Teig auf einer bemehlten Arbeitsfläche kräftig durchkneten und zugedeckt mindestens zwei Stunden ruhen lassen.

3. Ein Backblech mit Butter ausfetten, mit Mehl bestäuben. 20 bis 25 Kugeln aus dem Teig formen und zu Fladen (7 cm Ø) ausrollen.

4. Die Teigfladen auf das Backblech legen und im auf 170 °C vorgeheizten Backofen 12–15 Minuten backen.

5. Die Knäckebrotscheiben aus dem Ofen nehmen, erkalten lassen und servieren.

Zubereitungszeit: 25–30 Minuten ohne Wartezeit

Indisches Hefebrot

Für 8–10 Stück:

1 Würfel Frischhefe
1 EL Zucker
150 ml warmes Wasser
500 g Weizenmehl (Type 405)
1 gehäufter TL Salz
2–3 EL Olivenöl
150 g Jogurt

1. Die zerbröckelte Frischhefe mit dem Zucker und dem warmen Wasser verrühren und zugedeckt an einem warmen Ort zur doppelten Menge aufgehen lassen.

2. Das gesiebte Mehl, das Salz, das Olivenöl und den Jogurt dazugeben und alles kräftig verkneten.

3. Zugedeckt an einem warmen Ort nochmals gehen lassen.

4. Den Teig auf einer bemehlten Arbeitsfläche durchkneten und anschließend in 8–10 gleich große Stücke teilen. Diese zu Kugeln formen, tropfenförmig ausrollen und mit einer Gabel einstechen.

5. Die Teigstücke auf ein mit Backpapier ausgelegtes Backblech legen und im auf 200 °C vorgeheizten Backofen 25–30 Minuten backen. Die indischen Hefebrote aus dem Ofen nehmen, erkalten lassen, dekorativ anrichten und servieren.

Zubereitungszeit: etwa 40–45 Minuten ohne Wartezeit

Hefezopf mit Mandeln

Für 1 Zopf:

1 Würfel Frischhefe, 125 ml Milch
375 g Weizenmehl (Type 405)
1 TL Zucker
60 g weiche Butter, 2 Eier
60 g Zucker, 1 Prise Salz
3–4 EL Aprikosenmarmelade
Mandelblättchen zum Bestreuen

1. Die Frischhefe in eine Tasse bröckeln und mit der lauwarmen Milch glatt rühren. Das Mehl in eine Schüssel sieben und eine Mulde in die Mitte drücken.

2. Den Zucker hineinstreuen und die Hefemilch dazugeben. Mit etwas Mehl verrühren und zugedeckt 10–15 Minuten gehen lassen.

3. Die weiche Butter, die Eier, den Zucker und das Salz dazugeben, zu einem glatten Teig verarbeiten und schlagen, bis er Blasen wirft. An einem warmen Ort zur doppelten Menge aufgehen lassen.

4. Den Teig in drei Portionen teilen, drei Stränge formen und diese zu einem Zopf flechten. Den Zopf auf ein mit Backpapier ausgelegtes Backblech legen, kurz gehen lassen und im auf 180–200 °C vorgeheizten Backofen 25–30 Minuten backen.

5. Den Zopf herausnehmen, sofort mit der glatt gerührten Marmelade bestreichen, mit Mandelblättchen bestreuen und den Guss vollständig trocknen lassen.

Zubereitungszeit: 70–75 Minuten

Butterweissbrot

Für 2 Brote:

550 g Weizenmehl (Type 405)
60 g Butter
1 Würfel Frischhefe
1 gestr. TL Salz
350 ml lauwarme Milch

1. Das Weizenmehl in eine Schüssel sieben. Die Butter in Flöckchen darauf setzen.

2. Die zerbröckelte Hefe, das Salz und die lauwarme Milch dazugeben.

3. Das Ganze mit dem Knethaken der Küchenmaschine zu einem glatten Teig verkneten.

4. Den Teig halbieren und nochmals durchkneten. Die Teigstücke leicht flach drücken und jedes Brot mit dem Messer gitterförmig einschneiden. Auf ein mit Backpapier ausgelegtes Backblech setzen und zugedeckt an einem warmen Ort zur doppelten Menge aufgehen lassen.

5. Die Butterweißbrote in dem auf 200 °C vorgeheizten Backofen 45 Minuten backen, herausnehmen und vor dem Servieren vollständig auskühlen lassen.

Zubereitungszeit:
etwa 1 1/2 Stunden

NUSSKNACKER

FÜR 1 BROT:

100 g Vollkornschrot
100 g Weizenmehl (Type 405)
200 g Brotmehl (Type 1050)
1/2 Würfel Frischhefe
1 TL Salz
15 g Sauerteigpulver
300 ml warmes Wasser
100 g gehackte Walnüsse
1 EL gemahlene Haselnüsse
1 EL gehackte Mandeln

1. Den Vollkornschrot, das Weizenmehl und das Brotmehl in einer Schüssel vermischen.

2. Die zerbröckelte Frischhefe, das Salz, das Sauerteigpulver und das warme Wasser dazugeben und die Zutaten mit dem Knethaken der Küchenmaschine zu einem glatten Teig verkneten.

3. Die Walnüsse, die Haselnüsse und die Mandeln dazugeben und einarbeiten.

4. Den Teig zu einem Laib formen, auf ein mit Backpapier ausgelegtes Backblech setzen und die Oberfläche rautenförmig einschneiden. Zugedeckt an einem warmen Ort zur doppelten Menge aufgehen lassen.

5. Das Brot im auf 220 °C vorgeheizten Backofen 30–40 Minuten backen, herausnehmen, erkalten lassen und servieren.

Zubereitungszeit:
etwa 1 1/2 Stunden

Rohrnudeln mit Mohn

Für 1 Brot

400 g Weizenmehl (Type 405)
1/2 Würfel Frischhefe
150 ml warme Milch
1 Ei
1 TL Salz
Butter zum Ausfetten und Bestreichen
ungemahlener Mohn zum Bestreuen

1. Das gesiebte Mehl mit der zerbröckelten Hefe, der warmen Milch, dem Ei und dem Salz in eine Schüssel geben und mit dem Knethaken der Küchenmaschine zu einem glatten Teig verkneten.

2. Den Teig zugedeckt an einem warmen Ort zur doppelten Menge aufgehen lassen.

3. Den Teig auf einer bemehlten Arbeitsfläche nochmals kurz kneten und in vier Portionen teilen. Diese zu Kugeln drehen und in eine ausgefettete, runde Form setzen.

4. Die Rohrnudeln nochmals kurz gehen lassen, mit Butter bestreichen und mit Mohn bestreuen.

5. Die Rohrnudeln im auf 200 °C vorgeheizten Backofen 40–45 Minuten backen, herausnehmen, erkalten lassen und servieren.

Zubereitungszeit:
etwa 1 1/2 Stunden

Stangenweissbrot

Für 2 Brote:

500 g Weizenmehl (Type 405)
2 gestr. TL Salz
15 g Malz
1/2 Würfel Frischhefe
300 ml warmes Wasser
Wasser zum Bestreichen
Sesamsamen und Mohn zum Bestreuen

1. Das Mehl in eine Schüssel sieben, mit dem Salz, dem Malz, der zerbröckelten Hefe und dem Wasser vermischen und mit dem Knethaken der Küchenmaschine zu einem glatten Teig verarbeiten.

2. Den Teig in zwei Portionen teilen und diese zu Stangen formen, auf ein mit Backpapier ausgelegtes Backblech setzen und mehrmals diagonal einschneiden.

3. Die Brote mit Wasser bestreichen, mit Sesamsamen und Mohn bestreuen und zugedeckt an einem warmen Ort zur doppelten Menge aufgehen lassen.

4. Die Stangenweißbrote im auf 200 °C vorgeheizten Backofen 35–40 Minuten backen, herausnehmen und erkalten lassen.

Zubereitungszeit: etwa 1 1/2 Stunden

Schmalzbrötchen

Für 8 Stück:

250 g Weizenmehl (Type 405)
1/2 Würfel Frischhefe
130 g warmes Wasser
25 g Schmalz
1 EL Malz
1/2 TL Salz

1. Das Mehl in eine Schüssel sieben, die zerbröckelte Hefe und das lauwarme Wasser dazugeben.

2. Das Schmalz in Flöckchen auf das Mehl setzen, das Malz und das Salz darüber streuen und die Zutaten mit dem Knethaken der Küchenmaschine zu einem glatten Teig verkneten.

3. Aus dem Teig acht Brötchen abdrehen. Die Oberfläche kreuzweise einschneiden und die Brötchen zugedeckt an einem warmen Ort zur doppelten Menge aufgehen lassen.

4. Die Schmalzbrötchen auf ein mit Backpapier ausgelegtes Backblech setzen und in dem auf 220 °C vorgeheizten Backofen 20–25 Minuten backen, herausnehmen und vor dem Servieren vollständig erkalten lassen.

Zubereitungszeit: etwa 1 Stunde

Schinken-Croissants

Für 6 Stück:

2 Packungen Blätterteig (TK-Produkt)
250 g gekochter Schinken
1 große Zwiebel
1/2 Bund Petersilie
Salz, Pfeffer aus der Mühle
1 Eigelb zum Bestreichen

1. Die Blätterteigscheiben auf einer Arbeitsfläche auftauen lassen und zu Dreiecken schneiden.

2. Den Schinken in kleine Würfel schneiden, die Zwiebel schälen, fein würfeln, die Petersilie verlesen, waschen und fein hacken.

3. Die Zutaten in einer Schüssel vermischen, mit Salz und Pfeffer würzen. Je 1 EL der Masse auf ein Blätterteigstück setzen.

4. Die Blätterteigecken von der langen Seite her zu Hörnchen zusammenrollen und auf ein mit Wasser benetztes Backblech setzen.

5. Das Eigelb mit etwas Wasser verschlagen, die Hörnchen damit bestreichen und im auf 180–200 °C vorgeheizten Backofen in 15–20 Minuten backen.

6. Die Schinken-Croissants aus dem Ofen nehmen, dekorativ anrichten und warm oder kalt servieren.

Zubereitungszeit: etwa 35 Minuten

Sesam- und Leinsamenbrötchen

Für 8 Stück:

250 g Weizenmehl (Type 405)
1 gestr. TL Salz
1 EL Malz
1/2 Würfel Frischhefe
150 ml warmes Wasser
Wasser zum Bestreichen
Sesamsamen und Leinsamen zum Bestreuen

1. Das gesiebte Mehl mit dem Salz, dem Malz, der zerbröckelten Frischhefe und dem Wasser in eine Schüssel geben und mit dem Knethaken der Küchenmaschine zu einem glatten Teig verkneten.

2. Den Teig in acht Portionen teilen, diese zu Kugeln drehen und auf ein mit Backpapier ausgelegtes Backblech setzen.

3. Die Brötchen leicht mit Wasser bestreichen, mit Sesam und Leinsamen bestreuen und zugedeckt an einem warmen Ort zur doppelten Menge aufgehen lassen.

4. Die Brötchen im auf 220 °C vorgeheizten Backofen 25–30 Minuten backen, herausnehmen, erkalten lassen und servieren.

Zubereitungszeit: etwa 1 Stunde

Roggenbrötchen

Für 10–12 Stück:

200 g Roggenmehl (Type 1150)
170 g Brotmehl (Type 1050)
1 gestr. TL Salz
20 g Sauerteigpulver
1/2 Würfel Frischhefe
300 ml heißes Wasser
Mehl zum Bestäuben

1. Das Roggenmehl mit dem Brotmehl vermischen und in eine Schüssel sieben. Das Salz, das Sauerteigpulver, die zerbröckelte Frischhefe und das heiße Wasser dazugeben und die Zutaten mit dem Knethaken der Küchenmaschine zu einem glatten Teig verkneten.

2. Den Teig in 10–12 Portionen teilen, diese zu Kugeln drehen, auf ein mit Backpapier ausgelegtes Backblech setzen und zugedeckt an einem warmen Ort zur doppelten Menge aufgehen lassen.

3. Die Roggenbrötchen mit Mehl bestäuben und im auf 220 °C vorgeheizten Backofen 25–30 Minuten backen, herausnehmen, erkalten lassen und servieren.

Zubereitungszeit: etwa 1 Stunde

Dinkelkrustis

Für 8 Stück:

250 g Dinkelvollkornmehl
1/2 TL Salz
1/2 Würfel Frischhefe
1 EL Malz
175 ml warmes Wasser

1. Das Mehl mit dem Salz, der zerbröckelten Frischhefe, dem Malz und dem Wasser in eine Schüssel geben und mit dem Knethaken der Küchenmaschine zu einem glatten Teig verkneten.

2. Den Teig in acht Portionen teilen, diese zu länglichen Brötchen formen, auf ein mit Backpapier ausgelegtes Backblech setzen, der Länge nach einschneiden und zugedeckt an einem warmen Ort zur doppelten Menge aufgehen lassen.

3. Die Dinkelkrustis im auf 220 °C vorgeheizten Backofen 25 Minuten backen, herausnehmen, erkalten lassen und servieren.

Zubereitungszeit: etwa 1 Stunde

Jogurtbrötchen

Für 20–24 Stück:

1 kg Dinkelvollkornmehl
1/2 TL Salz
300 g zimmerwarmer Vollmilchjogurt
50 g weiche Butter
40 g frische Hefe
200–250 ml lauwarme Milch
Fett zum Ausfetten

1. Das Dinkelvollkornmehl mit dem Salz, dem Vollmilchjogurt und der Butter in eine Schüssel geben, die zerbröckelte Hefe und die lauwarme Milch hinzufügen.

2. Die Zutaten so lange kneten, bis sich der Teig vom Schüsselrand löst.

3. Aus dem Teig 20–24 Brötchen formen, diese auf ein ausgefettetes Backblech setzen und an einem warmen Ort zugedeckt zur doppelten Menge aufgehen lassen.

4. Die Jogurtbrötchen in dem auf 200 °C vorgeheizten Backofen 30–35 Minuten backen, herausnehmen, erkalten lassen und servieren.

Zubereitungszeit:
etwa 1 1/2 Stunden

Milchbrötchen

Für 15 Stück:

Für den Teig:
500 g Weizenmehl (Type 405)
40 g Frischhefe
1 EL Malz
1 EL Zucker
1 TL Salz
300 ml warme Milch

Außerdem:
Milch zum Bestreichen
Mohn und Sesamsamen zum Tauchen
Fett zum Ausfetten

1. Das Mehl mit der Hefe, dem Malz, dem Zucker, dem Salz und der Milch zu einem glatten, kompakten Teig verarbeiten und zugedeckt an einem warmen Ort 30 Minuten gehen lassen.

2. Erneut durchkneten und noch einmal 30 Minuten gehen lassen.

3. Den Teig auf einer bemehlten Arbeitsfläche kneten und daraus 15 etwa 60 g schwere Teilchen formen. Je nach Geschmack ein Muster eindrücken.

4. Die Brötchen mit der Milch bestreichen, in Mohn oder Sesamsamen tauchen, auf ein ausgefettetes Backblech setzen, nochmals kurz gehen lassen und in dem auf 200–220 °C vorgeheizten Backofen 15–20 Minuten backen.

5. Nach Ende der Backzeit die Brötchen herausnehmen und noch warm servieren.

Zubereitungszeit: 45–50 Minuten ohne Wartezeit

Haferflockenbrötchen

Für 8–10 Stück:

250 g Weizenvollkornmehl (Type 1700)
50 g kernige Haferflocken
15 g Frischhefe
100–125 ml Buttermilch
50 g Magerquark
1/2 TL Salz
20 g weiche Butter
15 g Sesamsamen
Wasser zum Bestreichen
Haferflocken zum Bestreuen

1. Das Mehl mit den Haferflocken in einer Schüssel vermischen. Die zerbröckelte Hefe und die leicht erwärmte Buttermilch dazugeben.

2. Den Magerquark, das Salz, die weiche Butter und den Sesam hinzufügen und die Zutaten mit dem Knethaken der Küchenmaschine zu einem glatten Teig verkneten.

3. Den Teig in 8–10 Portionen teilen, zu Brötchen formen, mit Wasser bestreichen und mit Haferflocken bestreuen.

4. Die Brötchen auf ein mit Backpapier ausgelegtes Backblech setzen und zugedeckt an einem warmen Ort zur doppelten Menge aufgehen lassen.

5. Die Brötchen im auf 180–200 °C vorgeheizten Backofen 20–25 Minuten backen, herausnehmen und erkalten lassen.

Zubereitungszeit: etwa 45 Minuten

Vollkornbrötchen

Für 8–10 Stück:

125 g Weizenvollkornschrot
250 ml heißes Wasser
200 g Weizenmehl (Type 405)
1/2 Würfel Frischhefe
1 TL Malz
1 gestr. TL Salz

1. Den Weizenvollkornschrot in eine Schüssel geben, mit heißem Wasser übergießen und 1–2 Stunden einweichen.

2. Das gesiebte Mehl mit der zerbröckelten Hefe, dem Malz und dem Salz zum Schrot geben und mit dem Knethaken der Küchenmaschine zu einem glatten Teig verkneten.

3. Den Teig in 8–10 Portionen teilen und zu Rechtecken formen. Diese auf ein mit Backpapier ausgelegtes Backblech setzen und zugedeckt an einem warmen Ort zur doppelten Menge aufgehen lassen.

4. Die Vollkornbrötchen in dem auf 220 °C vorgeheizten Ofen 20–25 Minuten backen, herausnehmen, erkalten lassen und servieren.

Zubereitungszeit: etwa 1 Stunde ohne Wartezeit

Mehrkornbrötchen

Für 12 Stück:

100 g Roggenmehl (Type 1150)
180 g Brotmehl (Type 1050)
50 g Weizenschrot
20 g Frischhefe
10 g Sauerteigpulver
1 TL Salz
1 EL Malz
270 ml warmes Wasser
Wasser zum Bestreichen
1 EL Sesamsamen
1 EL Leinsamen
1 EL Sonnenblumenkerne

1. Das Roggenmehl, das Brotmehl und den Weizenschrot in einer Schüssel vermischen.

2. Die zerbröckelte Frischhefe, das Sauerteigpulver, das Salz, das Malz und das warme Wasser dazugeben.

3. Die Zutaten mit dem Knethaken der Küchenmaschine zu einem glatten Teig verkneten.

4. Den Teig in 12 Portionen teilen, zu Kugeln drehen und mit Wasser bestreichen.

5. Die Sesamsamen, den Leinsamen und die Sonnenblumenkerne vermischen und die Teigkugeln darin wälzen.

6. Die Mehrkornbrötchen auf ein mit Backpapier ausgelegtes Backblech setzen, in der Mitte einschneiden und zugedeckt an einem warmen Ort zur doppelten Menge aufgehen lassen.

7. Die Mehrkornbrötchen in dem auf 220 °C vorgeheizten Backofen 25–30 Minuten backen, aus dem Ofen nehmen, erkalten lassen und servieren.

Zubereitungszeit: etwa 1 Stunde

Roggenbrötchen mit Speck

Für 10 Stück:

200 g Roggenmehl (Type 1150)
150 g Brotmehl (Type 1050)
15 g Sauerteigpulver
1/2 Würfel Frischhefe
1 TL Salz
300 ml warmes Wasser
200 g Bauchspeck

1. Das Roggenmehl mit dem Brotmehl, dem Sauerteigpulver, der zerbröckelten Hefe, dem Salz und dem Wasser in eine Schüssel geben.

2. Die Zutaten mit dem Knethaken der Küchenmaschine zu einem glatten Teig verkneten.

3. Aus dem Teig 10 kleine Brötchen abdrehen. In die Mitte je eine Vertiefung eindrücken, etwas gewürfelten Speck hineingeben und den Teig darüber zusammendrücken.

4. Die Brötchen auf ein mit Backpapier ausgelegtes Backblech setzen und zugedeckt an einem warmen Ort zur doppelten Menge aufgehen lassen.

5. Die Brötchen in dem auf 200–220 °C vorgeheizten Backofen etwa 25 Minuten backen, herausnehmen und vollständig auskühlen lassen.

Zubereitungszeit: etwa 1 Stunde

Sauerrahmbrötchen

Für 12 Stück:

500 g Weizenmehl (Type 405)
100 g Sauerrahm
1 TL Salz
1 TL Zucker
200 ml lauwarmes Wasser
1 Würfel Frischhefe
Wasser zum Bestreichen
50 g geschälte Sonnenblumenkerne

1. Das gesiebte Weizenmehl mit dem Sauerrahm, dem Salz, dem Zucker und dem lauwarmen Wasser in eine Schüssel geben.

2. Die Frischhefe hineinbröckeln und die Zutaten mit dem Knethaken der Küchenmaschine zu einem glatten, kompakten Teig verarbeiten.

3. Den Hefeteig auf eine bemehlte Arbeitsfläche geben und kurz durchkneten. Aus dem Teig 12 gleich große Brötchen formen und über Kreuz mehrmals einschneiden.

4. Mit Wasser bestreichen, mit den geschälten Sonnenblumenkernen bestreuen, auf ein mit Backpapier ausgelegtes Backblech setzen und zugedeckt an einem warmen Ort zur doppelten Menge aufgehen lassen.

5. Die Brötchen im auf 180 °C vorgeheizten Backofen 20–25 Minuten backen, herausnehmen, erkalten lassen und servieren.

Zubereitungszeit: etwa 1 1/2 Stunde

Brötchen mit Basilikum

Für 14 Stück:

400 g Weizenmehl (Type 405)
1 Würfel Frischhefe
1/2 TL Salz
150 ml Olivenöl mit Basilikum
120 ml warmes Wasser

1. Das Weizenmehl in eine Schüssel sieben, die zerbröckelte Hefe, das Salz, das Olivenöl und das warme Wasser dazugeben.

2. Die Zutaten mit dem Knethaken der Küchenmaschine zu einem glatten Teig verkneten, in 14 Portionen teilen und diese rund formen.

3. Die Brötchen auf ein mit Backpapier ausgelegtes Backblech setzen und zugedeckt an einem warmen Ort zur doppelten Menge aufgehen lassen.

4. Die Brötchen mit Basilikum im auf 220 °C vorgeheizten Backofen 25–30 Minuten backen, herausnehmen und vollständig auskühlen lassen.

Zubereitungszeit: etwa 1 Stunde

Sesambrezeln

Für 8–10 Stück:

375 g Weizenmehl (Type 405)
1 EL Butter
1/2 TL Salz
1 EL Malz
20 g Hefe
180 ml kaltes Wasser
Wasser zum Bestreichen
Sesamsamen zum Bestreuen

1. Das Mehl in eine Schüssel sieben. Die weiche Butter, das Salz, das Malz und die zerbröckelte Hefe dazugeben und alles vermischen.

2. Das Wasser angießen und die Zutaten mit dem Knethaken der Küchenmaschine zu einem glatten Teig verrühren.

3. Den Teig in 8–10 Stücke teilen. Jedes Teigstück zu einer Rolle formen und zu Brezeln verschlingen.

4. Die Brezeln mit wenig Wasser bestreichen und die Sesamsamen darauf streuen. Die Brezeln zugedeckt an einem warmen Ort zur doppelten Menge aufgehen lassen.

5. Die Sesambrezeln im vorgeheizten Backofen bei 200–220 °C 25 Minuten backen, herausnehmen und vollständig erkalten lassen.

Zubereitungszeit: etwa 1 Stunde

Bierstangen

Für 12–15 Stück:

100 g Roggenschrot
70 g Roggenmehl (Type 1150)
180 g Brotmehl (Type 1050)
20 g Frischhefe
10 g Sauerteigpulver
1 TL Salz
1 EL Malz
270 ml Bier

Außerdem:
Roggenschrot zum Wälzen

1. Den Roggenschrot, das Roggenmehl und das Brotmehl in einer Schüssel vermischen.

2. Die zerbröckelte Frischhefe, das Sauerteigpulver, das Salz, das Malz und das Bier dazugeben und die Zutaten mit dem Knethaken der Küchenmaschine zu einem glatten Teig verkneten.

3. Den Teig in 12–15 Portionen teilen und diese zu Stangen ausrollen, in Roggenschrot wälzen, auf ein mit Backpapier ausgelegtes Backblech setzen, mehrmals diagonal einschneiden und zugedeckt an einem warmen Ort zur doppelten Menge aufgehen lassen.

4. Die Bierstangen im auf 200 °C vorgeheizten Backofen 20–25 Minuten backen, aus dem Ofen nehmen, erkalten lassen und servieren.

Zubereitungszeit: etwa 1 Stunde

Butter-Mohn-Hirse-Stangen

Für 10 Stück:

380 g Weizenmehl (Type 405)
40 g Butter
1/2 TL Salz
1 Würfel Frischhefe
100 ml warmes Wasser
120 ml warme Milch
Wasser zum Bestreichen
4 EL Mohn
4 EL Hirse

1. Das Mehl in eine Schüssel sieben, die weiche Butter, das Salz und die zerbröckelte Hefe untermischen.

2. Das warme Wasser und die Milch angießen und alles zu einem glatten Teig verkneten.

3. Den Teig in 20 Portionen teilen. Diese zu Kugeln formen, kurz ruhen lassen und anschließend 15 cm lange Stangen ausrollen.

4. 10 Stangen mit Wasser bestreichen und in Mohn rollen. Die restlichen 10 Stangen mit Wasser bestreichen und in Hirse rollen. Je eine Mohn- und eine Hirsestange zu einer Kordel drehen und zugedeckt an einem warmen Ort zur doppelten Menge aufgehen lassen.

5. Die Kordeln auf ein mit Backpapier ausgelegtes Backblech setzen und im auf 220 °C vorgeheizten Backofen 20–25 Minuten backen.

6. Die Butter-Mohn-Hirse-Stangen aus dem Ofen nehmen und vollständig auskühlen lassen.

Zubereitungszeit: etwa 1 Stunde

Butterhörnchen

Für 10 Stück:

370 g Weizenmehl (Type 405)
40 g Butter
1/2 Würfel Frischhefe
200–250 ml warme Milch
1/2 TL Salz
1 Eigelb zum Bestreichen

1. Das Mehl in eine Schüssel sieben, die Butter in Flöckchen dazugeben. Die zerbröckelte Frischhefe, die warme Milch und das Salz hinzufügen und die Zutaten mit dem Knethaken der Küchenmaschine zu einem glatten Teig verarbeiten.

2. Den Teig in 10 Portionen teilen, zu Dreiecken ausrollen und diese zu Hörnchen drehen.

3. Die Hörnchen auf ein mit Backpapier ausgelegtes Backblech setzen und zugedeckt an einem warmen Ort zur doppelten Menge aufgehen lassen.

4. Die Hörnchen mit verquirltem Eigelb bestreichen und in dem auf 220 °C vorgeheizten Backofen 15–20 Minuten backen.

5. Nach Ende der Backzeit die Butterhörnchen aus dem Ofen nehmen, abkühlen lassen und servieren.

Zubereitungszeit: etwa 1 Stunde

Partyrad

Für 13 Brötchen:

400 g Weizenmehl (Type 405)
1/2 Würfel Frischhefe
1 EL Malz
1 gestr. TL Salz
250 ml warmes Wasser

Außerdem:
Wasser zum Bestreichen
ungemahlener Mohn,
Sesamsamen, Leinsamen und
Sonnenblumenkerne zum
Bestreuen

1. Das gesiebte Mehl mit der zerbröckelten Frischhefe, dem Malz, dem Salz und dem warmen Wasser in eine Schüssel geben und mit dem Knethaken der Küchenmaschine zu einem glatten Teig verkneten.

2. Den Teig in 13 Portionen teilen und diese zu Kugeln formen. Die Kugeln leicht mit Wasser bestreichen, abwechselnd mit Mohn, Sesamsamen, Leinsamen und Sonnenblumenkernen bestreuen.

3. Die Brötchen auf einem mit Backpapier ausgelegten Backblech dicht aneinander zu einem Rad legen und zugedeckt an einem warmen Ort zur doppelten Menge aufgehen lassen.

4. Das Partyrad im auf 220 °C vorgeheizten Backofen 35–40 Minuten backen.

5. Nach Ende der Backzeit das Partyrad aus dem Ofen nehmen, erkalten lassen und servieren.

Zubereitungszeit:
etwa 1 1/2 Stunden

Käserollen

Für 8–10 Stück:

300 g Weizenmehl (Type 405)
25 g Butter
1 TL Salz
1 EL Malz
20 g Frischhefe
ca. 150 ml warmes Wasser
Wasser zum Bestreichen
200 g geriebener Käse

1. Das Mehl mit der weichen Butter, dem Salz, dem Malz und der zerbröckelten Hefe in einer Schüssel vermischen.

2. Das warme Wasser angießen und alles zu einem glatten Teig verkneten.

3. Den Teig in 8–10 Portionen teilen, daraus Kreise formen. Mit dem Nudelholz 10–12 cm lange Fladen ausrollen.

4. Die Fladen mit Wasser bestreichen. Auf jedes Stück etwas geriebenen Käse streuen, zusammenrollen, mit Wasser bestreichen, mit Käse bestreuen und zugedeckt an einem warmen Ort zur doppelten Menge aufgehen lassen.

5. Die Käserollen im vorgeheizten Backofen bei 220 °C ca. 20–25 Minuten backen, herausnehmen und auskühlen lassen.

Zubereitungszeit: 40–45 Minuten

Pizzazungen

Für 10 Stück:

375 g Weizenmehl (Type 405)
1 TL Salz
1 EL Sauerteigpulver
1 EL Malz
1 Würfel Frischhefe
ca. 225 ml warmes Wasser

Für den Belag:
je 1/2 rote und gelbe Paprikaschote
100 g frische Champignons
2 Tomaten
150 g gekochter Schinken
250 g geriebener Gouda

1. Das gesiebte Mehl mit dem Salz, dem Sauerteigpulver, dem Malz, der zerbröckelten Frischhefe und dem warmen Wasser in eine Schüssel geben und mit dem Knethaken der Küchenmaschine zu einem glatten Teig verkneten.

2. Den Teig in 10 Portionen teilen, diese zu länglichen Zungen ausrollen und auf ein mit Backpapier ausgelegtes Backblech legen.

3. Für den Belag die Paprikaschoten entkernen, waschen, gut abtropfen lassen und in feine Streifen schneiden.

4. Die Champignons putzen und in Scheiben schneiden. Die Tomaten waschen, halbieren, den Strunk herausschneiden und entkernen. Die Tomaten in Stücke schneiden.

5. Den Schinken in feine Streifen oder Würfel schneiden, mit dem Gemüse auf den Teigzungen verteilen und diese zugedeckt an einem warmen Ort zur doppelten Menge aufgehen lassen.

6. Die Pizzazungen mit dem geriebenen Käse bestreuen und in dem auf 220 °C vorgeheizten Backofen 30–35 Minuten backen.

7. Nach Ende der Backzeit die Pizzazungen aus dem Ofen nehmen und warm servieren.

Zubereitungszeit: etwa 1 Stunde

Wienerle im Brötchenteig

Für 8–10 Stück:

250 g Weizenmehl (Type 405)
1/2 Würfel Frischhefe
1 EL Malz
1/2 TL Salz
150 ml warmes Wasser
8–10 Wiener Würstchen

1. Das gesiebte Mehl mit der zerbröckelten Frischhefe, dem Malz, dem Salz und dem warmen Wasser mit dem Knethaken der Küchenmaschine zu einem glatten Teig verkneten.

2. Den Teig in 8–10 Portionen teilen und zu Rechtecken ausrollen. Auf jedes Teigstück ein Würstchen legen und zusammenrollen.

3. Die Brötchen auf ein mit Backpapier ausgelegtes Backblech setzen und zugedeckt an einem warmen Ort zur doppelten Menge aufgehen lassen.

4. Die Wienerle im Brötchenteig im auf 200 °C vorgeheizten Backofen etwa 20–25 Minuten backen, herausnehmen und warm servieren.

Zubereitungszeit: etwa 1 Stunde

Rahmfladen mit Käse

Für 8–10 Stück:

200 g Brotmehl (Type 1050)
100 g Roggenmehl (Type 1150)
50 g Weizenmehl (Type 405)
1/2 Würfel Frischhefe
15 g Sauerteigpulver
1 TL Salz
300 ml warmes Wasser

Für den Belag:
400 g Schmand
200 g geriebener Emmentaler
Salz, Pfeffer aus der Mühle
Kümmel zum Bestreuen

1. Das Brotmehl, das Roggenmehl und das Weizenmehl in einer Schüssel vermischen.

2. Die zerbröckelte Frischhefe, das Sauerteigpulver, das Salz und das warme Wasser dazugeben und die Zutaten mit dem Knethaken der Küchenmaschine zu einem glatten Teig verkneten.

3. Den Teig in 8–10 Portionen teilen und zu länglichen Fladen flach drücken, auf ein mit Backpapier ausgelegtes Backblech legen.

4. Für den Belag den Schmand mit dem geriebenen Emmentaler verrühren. Mit Salz und Pfeffer kräftig abschmecken und gleichmäßig auf den Fladen verteilen, mit Kümmel bestreuen und zugedeckt an einem warmen Ort zur doppelten Menge aufgehen lassen.

5. Die Rahmfladen im auf 220 °C vorgeheizten Backofen 20–25 Minuten backen, aus dem Ofen nehmen und servieren.

Zubereitungszeit: etwa 1 Stunde

Parmesanstangen

Für 20 Stück:

275 g Weizenmehl (Type 405)
50 g Sonnenblumenöl
1/2 Würfel Frischhefe
150 ml warme Milch
1/2 TL Salz
1 EL geriebener Parmesankäse
250 g Blätterteig (TK-Produkt)

Außerdem:
Milch zum Bestreichen
2 gehäufte EL geriebener Parmesankäse
1 TL Paprikapulver

1. Das gesiebte Mehl mit dem Sonnenblumenöl, der zerbröckelten Frischhefe, der Milch, dem Salz und dem Parmesankäse in eine Schüssel geben und mit dem Knethaken der Küchenmaschine zu einem glatten Teig verkneten.

2. Die Blätterteigscheiben auf einer bemehlten Arbeitsfläche auftauen lassen.

3. Den Hefeteig ausrollen, den Blätterteig darauf legen und in den Hefeteig einschlagen. Den Teig zu einem langen Rechteck ausrollen.

4. Eine Seite bis zur Mitte legen, die zweite Seite darüber legen und das Ganze zugedeckt im Kühlschrank 10 Minuten ruhen lassen. Anschließend den Vorgang wiederholen und weitere 10 Minuten ruhen lassen.

5. Den Teig zu einem langen Rechteck ausrollen und beide Enden zur Mitte legen, den Teig zusammenklappen und im Kühlschrank 1/2 Stunde ruhen lassen.

6. Anschließend den Teig 2 cm dick ausrollen und mit Milch bestreichen. Den Parmesankäse mit dem Paprikapulver vermischen und den Teig damit bestreuen.

7. Den Teig in 3 cm breite Streifen schneiden, diese zu Kordeln drehen, auf ein mit Backpapier ausgelegtes Backblech setzen und in dem auf 200 °C vorgeheizten Ofen 20 Minuten backen.

8. Nach Ende der Backzeit die Parmesanstangen aus dem Ofen nehmen, erkalten lassen und servieren.

Zubereitungszeit:
etwa 2 1/2 Stunden

Korinthenbrötchen

Für 8–10 Stück:

250 g Weizenmehl (Type 405)
1/2 Würfel Frischhefe
50 g Zucker
ca. 80 ml warme Milch
50 g weiche Butter
1 Ei
abgeriebene Schale von 1 Zitrone
50 g Korinthen
Puderzucker zum Bestäuben

1. Das Mehl in eine Schüssel sieben und eine Mulde eindrücken. Die zerbröckelte Frischhefe mit 1 TL Zucker und etwas warmer Milch verrühren, in die Mulde gießen und zugedeckt an einem warmen Ort 10 Minuten gehen lassen.

2. Die Butter in Flöckchen auf das Mehl setzen. Den restlichen Zucker, die Milch, das Ei und die Zitronenschale dazugeben und die Zutaten mit dem Knethaken der Küchenmaschine verkneten. Zum Schluss die Korinthen darunter kneten.

3. Den Teig in 8–10 Portionen teilen, diese zu Kugeln drehen, auf ein mit Backpapier ausgelegtes Backblech setzen und zugedeckt an einem warmen Ort zur doppelten Menge aufgehen lassen.

4. Die Korinthenbrötchen im auf 180–200 °C vorgeheizten Backofen 20–25 Minuten backen, herausnehmen, erkalten lassen, mit Puderzucker bestäuben und servieren.

Zubereitungszeit: etwa 1 Stunde

Klopferle

Für 10 Stück:

500 g Weizenmehl (Type 405)
1 Würfel Frischhefe
150 g Zucker
etwas warme Milch
100 g weiche Butter
4 Eier
1 Päckchen Vanillearoma
Puderzucker zum Bestäuben

1. Das Mehl sieben und eine Mulde eindrücken. Die zerbröckelte Hefe mit 1 TL Zucker und der warmen Milch verrühren, in die Mulde gießen und zugedeckt an einem warmen Ort 10 Minuten gehen lassen. Den restlichen Zucker, die Butter, die Eier und das Vanillearoma dazugeben und zu einem glatten Teig verkneten. Den Teig zugedeckt an einem warmen Ort zur doppelten Menge aufgehen lassen.

2. Den Teig in 10 Portionen teilen. Jede Portion ditteln, die Teile zu Rollen formen und zu Zöpfen flechten. Auf ein mit Backpapier ausgelegtes Backblech setzen und nochmals kurz gehen lassen.

3. Die Klopferle im auf 180–200 °C vorgeheizten Backofen 20–25 Minuten backen, aus dem Ofen nehmen und erkalten lassen. Die Klopferle mit Puderzucker bestäuben und servieren.

Zubereitungszeit: etwa 1 Stunde

Hefelaib

Für 1 Brot:

375 g Weizenmehl (Type 405)
1 Würfel Frischhefe, 75 g Zucker
ca. 50 ml warme Milch
50 g Butter, 2 Eier
100 g Rosinen
50 g Mandelstifte
1/2 Fläschchen Bittermandelöl
Wasser zum Bestreichen
Mandelstifte zum Bestreuen

1. Das Mehl in eine Schüssel sieben und eine Mulde eindrücken. Die zerbröckelte Frischhefe mit 1 TL Zucker und etwas warmer Milch verrühren, in die Mulde gießen und zugedeckt an einem warmen Ort 10 Minuten gehen lassen.

2. Die Butter in Flöckchen auf das Mehl setzen. Den restlichen Zucker, die Milch und die Eier hinzufügen und die Zutaten mit dem Knethaken der Küchenmaschine zu einem glatten Teig verkneten.

3. Die Rosinen, die Mandelstifte und das Bittermandelöl hinzufügen und einarbeiten. Den Teig zu einem runden Laib formen und zugedeckt an einem warmen Ort zur doppelten Menge aufgehen lassen.

4. Den Laib auf ein mit Backpapier ausgelegtes Backblech legen, mit Wasser bestreichen und mit den Mandelstiften bestreuen.

5. Den Hefelaib im auf 180–200 °C vorgeheizten Backofen 45–50 Minuten backen, aus dem Ofen nehmen, erkalten lassen und servieren.

Zubereitungszeit: etwa 2 Stunden

8036/19 cm (7½")
1.4116 x 45 Cr Mo V 15
MADE IN
GERMANY
Grand
GOURMET

Osterbrot

Für 12–14 Stücke:

250 g Sultaninen
4 cl Rum
375 g Weizenmehl (Type 405)
125 ml lauwarme Milch
20 g Frischhefe
70 g Zucker
70 g Butter
1 Päckchen Vanillezucker
1 Ei

Außerdem:
200 g Marzipanrohmasse
100 g Puderzucker
50 g gehackte Pistazien
1/2 Glas Sauerkirschen
Zucker nach Geschmack
Speisestärke zum Binden
Butter zum Ausfetten
100 g Aprikosenmarmelade
Hagelzucker und Mandelblättchen zum Bestreuen

1. Die Sultaninen waschen, in eine Schüssel geben, mit Rum beträufeln und 1/2 Stunde ziehen lassen. Das Mehl in eine Schüssel sieben und eine Mulde eindrücken. Die lauwarme Milch und die zerbröckelte Hefe hineingeben und mit 1 EL Zucker bestreuen. An einem warmen Ort 10–12 Minuten gehen lassen.

2. Den restlichen Zucker, die Butter, den Vanillezucker und das Ei zum Teig geben und alles gut verarbeiten. Den Teig mit dem Kochlöffel schlagen, bis er Blasen wirft. Zugedeckt an einem warmen Ort 1/2 Stunde gehen lassen.

3. Den Teig erneut durchkneten, nochmals zugedeckt 1/2 Stunde an einem warmen Ort gehen lassen.

4. Die Marzipanrohmasse mit dem Puderzucker und den gehackten Pistazien auf einer Arbeitsfläche anwirken. Die Sauerkirschen in einem Topf zum Kochen bringen. Mit Zucker nach Geschmack süßen und mit etwas angerührter Speisestärke kräftig binden. Vom Feuer nehmen und erkalten lassen.

5. Den Hefeteig auf einer bemehlten Arbeitsfläche nochmals durchkneten und zu einem länglichen Rechteck ausrollen.

6. Die Marzipanmasse in der Breite des Rechteckes zu einer Rolle formen, an die äußere Teigkante legen und einmal in den Teig einschlagen. Die Sultaninen der Länge nach auf dem Teig verteilen und ebenfalls einschlagen.

7. Die Kirschen auf den restlichen Teig streichen und von der anderen Seite her einrollen. Den Teig an den seitlichen Kanten zusammendrücken und in eine ausgefettete Kastenform legen.

8. Die Rolle nochmals 6–8 Minuten an einem warmen Ort gehen lassen und im auf 180 °C vorgeheizten Backofen 40–50 Minuten backen.

9. Das Osterbrot aus dem Ofen nehmen, erkalten lassen und aus der Form stürzen. Die Aprikosenmarmelade leicht erwärmen und das Osterbrot damit aprikotieren. Mit Hagelzucker und Mandelblättchen bestreuen, vollständig trocknen lassen und servieren.

Zubereitungszeit: etwa 1 1/2 Stunden ohne Wartezeit

Register

ISBN 3-907194-19-5